"Vers l'Infini De l'Être : Entre Pensée, Âme et Réalité"

Azzedine Aouimer Zair

TABLEAUX DES MATIERES

Avertissement : ce livre n'est pas a lire dans les toilettes, des paroles sacrées.

CHAPITRE 1

L EXISTENCE ET LE NEANT

C' est une interrogation profonde qui traverse la philosophie depuis des siècles. Voici plusieurs approches possibles pour comprendre ce concept :

L'existence, c'est **le fait d'être**, d'avoir une **présence dans la réalité**. Cela s'applique aussi bien aux être humains qu'a tout ce que qui relis le vivants, les animaux, les végétaux, les minéraux.

En philosophie

Selon les courants philosophiques, l'existence est abordée de différentes manières :

▪ **Platon et Aristote**

- **Platon** distingue le monde sensible (ce qui existe matériellement) du monde des Idées (formes parfaites, immatérielles).

- **Aristote**, lui, parle de l'**essence** (ce que c'est) et de l'**existence** (le fait d'être là, concrètement).

▪ **Descartes**

Avec son célèbre « *Je pense, donc je suis* », il affirme que **la pensée est la preuve de l'existence**. Même si tout est douteux, le fait de douter prouve qu'on existe.

▪ **Existentialisme (Sartre, Heidegger, etc.)**

- Pour **Sartre**, « *l'existence précède l'essence* » : l'homme existe d'abord, puis il se définit par ses actes. Il n'a pas de nature prédéfinie.
- Pour **Heidegger**, l'être humain est un « **Dasein** » (être-là), conscient de sa

propre existence et de sa finitude (la mort).

L'existence ne se réduit pas au fait biologique de vivre. C'est aussi : **Se poser des questions sur soi-même Chercher un sens à sa vie Faire des choix** et **assumer sa liberté** L'existence est souvent abordée de façon empirique : on considère qu'une chose **existe si elle est observable, mesurable** ou a un effet. **Exploration de l'Être au-delà du Visible**

La métaphysique, souvent définie comme la "science de l'être en tant qu'être", constitue l'une des branches les plus anciennes, les plus fondamentales et les plus énigmatiques de la philosophie. Elle ne se limite pas à une spéculation abstraite : elle interroge ce qui rend possible toute chose, tout phénomène, toute pensée. Ce n'est pas un domaine parmi d'autres, mais le sol invisible sur lequel repose l'ensemble du savoir et de l'expérience.

Le terme même de *métaphysique* — apparaît avec l'édition des œuvres d'Aristote. Il désigne alors non pas ce qui transcende le monde sensible, mais ce qui en constitue le **fondement ultime**. Aristote cherche, au-delà des phénomènes, **les causes premières, les principes invariables, les structures fondamentales de la réalité**.

Toute réflexion métaphysique naît d'un étonnement radical : **Pourquoi l'être plutôt que le néant ?** Cette question, reprise par Heidegger, ne cherche pas une explication cosmologique ou scientifique, mais révèle une faille dans notre compréhension du réel : nous vivons dans l'évidence de l'existence, sans interroger ce qui la rend pensable. La métaphysique est ainsi **l'art de désévidencer (ce qui n'est plus évident, ce qui a perdus de sa**

valeurs, de sa clarté) le monde, de faire apparaître le mystère au cœur de l'ordinaire.

Platon introduit une métaphysique du *deuxième degré*, en distinguant le monde sensible — changeant, multiple, illusoire — et le monde des Idées — éternel, immuable, intelligible. Cette scission entre l'apparence et l'essence fonde une tradition dualiste où la vérité ne se trouve pas dans ce qui est, mais dans ce qui **sous-tend ce qui est**.

Avec Descartes, la métaphysique devient l'outil du doute radical. En mettant en cause les sens, le monde extérieur, le corps lui-même, il cherche un point d'appui indubitable. Dès lors, métaphysique s'intériorise. Elle ne traite plus seulement de l'être des choses, mais de l'être du sujet, de la **relation entre pensée et réalité**, de la possibilité même de connaître l'être.

Kant, quant à lui, bouleverse la métaphysique traditionnelle en affirmant que nous ne pouvons connaître les choses **en soi**, mais seulement **pour nous**, c'est-à-dire à travers les formes a priori de notre sensibilité et de notre entendement. Il ne détruit pas l'existence , mais en déplace les frontières : elle devient **critique**, réflexive, consciente de ses propres limites. Le noumène — ce que la chose est en soi — devient l'horizon inaccessible de la raison.

Concernant la métaphysique moderne, notamment avec Heidegger, et les penseurs postmodernes, prend conscience de sa propre historicité. Elle cesse d'être un discours neutre sur l'être pour devenir **un mode d'être du discours lui-même**, porteur d'un rapport au monde, au langage, au pouvoir. Pour Nietzsche, toute métaphysique est une forme de décadence, une négation de la vie au profit de fictions morales ou logiques. Pour Heidegger, elle est un oubli de l'Être, une réduction de l'être à l'étant, une domination technique du monde.

Et pourtant, malgré ses critiques, ses renversements, ses dérives, la métaphysique **revient toujours**. Car tant que l'homme se posera la question du sens, de l'origine, de la totalité, du fondement, la métaphysique renaîtra, sous des formes nouvelles, parfois déguisées, parfois implicites. Elle est **la tentation de l'absolu dans une pensée finie**, la volonté de comprendre ce qui, peut-être, dépasse toute compréhension.

CHAPITRE 2

LA CONSCIENCE AU DELA DU CORPS DE L'AME ET DE L'ESPRIT

Quand l'Être se Confond avec la Perception

L'immatérialisme, ou **idéalisme immatérialiste**, constitue l'un des renversements les plus radicaux de l'histoire de la métaphysique occidentale. Il soutient une thèse aussi déroutante que rigoureusement cohérente : **la matière n'existe pas**. Autrement dit le vide, il n'y a pas de réalité matérielle indépendante de l'esprit qui la perçoit. Toute réalité est de nature **mentale**, et le monde tel que nous le connaissons est constitué **d'idées dans un esprit**.

Ce courant trouve son expression la plus achevée au XVIIIe siècle chez le philosophe irlandais **George Berkeley**. Dans son ouvrage majeur *A Treatise Concerning the Principles of Human Knowledge* (1710), – être, c'est être perçu. Autrement dit, une chose n'existe que dans la mesure où elle est **perçue par un esprit**.

La critique du matérialisme

Berkeley part d'une critique radicale du **matérialisme empiriste** de Locke, selon lequel les objets matériels ont une existence indépendante de nos esprits, bien que notre connaissance soit limitée à leurs qualités sensibles. Berkeley conteste la distinction entre l'esprit, la **qualités secondaires** (forme, mouvement, extension) et **qualités tertiaire** (couleur, son, goût) : selon lui, toutes les qualités sont perçues par les sens, donc toutes sont **subjectives**. Il n'y a aucun accès possible à une « matière » en dehors de la perception.

Ainsi, croire en une substance matérielle **sous-jacente** aux perceptions est une pure abstraction,

un **préjugé métaphysique la matière se fige et n'est qu'une abstraction de l'esprit** , inutile et injustifiable. Pourquoi postuler une réalité inaccessible derrière les phénomènes, quand les phénomènes eux-mêmes — les idées — suffisent à expliquer l'expérience ?

L'esprit comme fondement de l'être

Berkeley pose donc un **idéalisme radical** : tout ce qui existe, ce sont **des idées**, et ces idées n'existent que **dans des esprits**. Il distingue :

- les **esprits actifs** (nous, les sujets pensants) qui perçoivent et agissent,
- et les **idées** (passives) qui sont les contenus de la perception.

Mais cela pose un problème majeur : **que deviennent les objets quand aucun homme ne les perçoit ?**

Berkeley répond par une hypothèse théologique : ils sont inutilisable mais **toujours perçus par Dieu**, **esprit infini**, garant de la permanence et de la cohérence du monde. Ainsi, même si nous quittons une pièce, la table qui s'y trouve continue d'exister, non pas parce qu'elle est que matérielle, mais parce qu'elle est constamment **perçue par l'esprit divin**.

Une vision radicale, mais non solipsiste

Contrairement à ce qu'on pourrait croire, l'immatérialisme de Berkeley n'est **ni subjectivisme absolu**, ni **solipsisme**. Il ne nie pas l'existence d'un monde extérieur à *moi*, mais il affirme que ce monde est **spirituel**, non matériel. Il existe **hors de mon esprit**, mais non hors de tout esprit. Cette nuance est essentielle : pour

Berkeley, il existe un ordre stable du monde, mais cet ordre est fondé **sur la coordination des perceptions**, assurée par Dieu, et non sur une matière indépendante. Berkeley était **idéaliste,** l'idéalisme est un courant

philosophique qui affirme que **la réalité est fondamentalement de nature mentale, spirituelle ou immatérielle**.
Autrement dit :

Ce ne sont pas les choses matérielles qui fondent la réalité, mais **les idées, la conscience** ou **l'esprit**.

L'opposé de l'idéalisme : le matérialisme

- Le **matérialisme** dit : la matière est première, la pensée vient ensuite.
- L'**idéalisme** dit : l'esprit ou la conscience est première, la

matière est secondaire ou même une illusion.

Exemples de formes d'idéalisme

1. Idéalisme de Platon

- Les choses du monde sont **des copies imparfaites** d'**idées parfaites** et éternelles (le monde des Idées).

Ex : tous les chevaux imparfaits qu'on voit sont des reflets d'une **Idée du cheval** parfaite.

2. Idéalisme subjectif (Berkeley)

- « Être, c'est être perçu » (*Esse est percipi*).
- Rien n'existe en dehors de l'esprit qui le perçoit.

La matière **n'existe pas indépendamment** de l'esprit.

Idéalisme absolu (Hegel)

- Toute réalité est l'expression d'un **Esprit universel** ou d'un **processus de conscience en développement**.
- L'histoire du monde est celle de **l'Esprit qui prend**

progressivement conscience de lui-même.

Idéalisme et spiritualité

Beaucoup de traditions spirituelles (l hindouisme, non-dualité, certaines écoles bouddhistes) rejoignent cette idée :

Le monde extérieur **n'est qu'une projection de l'esprit** ou de la conscience universelle.
Ex : Dans l'Advaita Vedānta, le monde matériel est **illusion (māyā)**, seule la conscience pure (Abraham chez les monothéiste) est réelle.

Portée et limites de l'immatérialisme

L'immatérialisme soulève des questions fascinantes, qui résonnent jusqu'à aujourd'hui, notamment avec :

la **philosophie du langage** (la réalité est constituée de signes, d'idées, de représentations) ; est une branche de

la philosophie qui s'intéresse à la nature, à l'origine, à la signification et à l'utilisation du langage. Elle pose des questions fondamentales sur la manière dont le langage fonctionne, comment il se rapporte à la réalité et comment il permet aux humains de penser, de communiquer et de comprendre le monde.

Voici quelques **questions centrales** de la philosophie du langage :

 le sens et quelle est la différence entre le sens d'un mot et ce à quoi il réfère ? Par exemple, "le matin" et "le soir" peuvent référer à la même planète (Vénus), mais ont des sens différents.

1. Comment les mots réfèrent-ils aux choses ?

La relation entre les **mots** et les **choses** — c'est-à-dire comment un mot peut désigner une réalité extérieure — est une question centrale en philosophie du langage.

Il existe **plusieurs théories** majeures pour expliquer **comment les mots réfèrent aux choses** :

1. La théorie référentielle classique (ou réaliste)

Selon cette théorie, un **mot désigne une chose** réelle dans le monde. Par exemple, le mot "*chat*" désigne un animal réel qui miaule, a des moustaches, etc.

Le mot = une étiquette pour un objet.

Problème :

Que dire des mots comme *licorne* ou *centaure* qui n'ont pas de référent réel ?
Que dire des mots comme *justice* ou *amour*, qui ne désignent pas des objets matériels ?

La théorie de Frege : sens et référence

Gottlob Frege distingue deux choses :

- **Le sens (Sinn)** : la manière dont on comprend le mot.
- **La référence (Bedeutung)** : l'objet auquel le mot renvoie dans le monde.

Exemple célèbre :
Les expressions *"l'étoile du matin"* et

"l'étoile du soir" ont **le même référent** (la planète Vénus), mais **des sens différents**.

Cela montre qu'un mot ne réfère pas seulement à un objet, mais aussi à une **manière de penser sans objet**.

La théorie des descriptions (Bertrand Russell)

Russell propose que certaines expressions, comme *"le roi de France"* (alors qu'il n'y en a pas), **n'ont pas de référent réel** mais peuvent quand même avoir un **sens métaphorique**.

Par exemple :
"Le roi de France est chauve" peut être analysé comme une proposition métaphorique, même s'il n'y a pas de roi de France aujourd'hui.

La théorie causale de la référence (Saul Kripke)

Kripke critique les théories basées uniquement sur la description. Pour lui, un **nom propre** désigne une chose **par une chaîne causale** : quelqu'un a donné un nom à une

personne ou chose (baptême initial),
et ce nom s'est transmis.

Exemple : "*Aristote*" désigne cette
personne particulière, non parce
qu'il est "le maître xi " ou "un
philosophe", mais parce qu'il a été
désigné ainsi depuis son baptême.

**La théorie du sens comme usage
(Wittgenstein, deuxième période)**

Pour le **Wittgenstein tardif, le sens
d'un mot est son usage dans un
contexte.**

Dire qu'un mot réfère à quelque
chose n'est pas une relation fixe
entre mot et chose, mais dépend du
jeu de langage dans lequel il est
utilisé.

Exemple : Le mot "*jeu*" peut désigner
des activités très différentes (échecs,
cache-cache, foot) — ce qui compte,
c'est **comment il est utilisé** dans la
langue.

« **Qu'est-ce que l'esprit ?** » c'est à la fois philosophique, psychologique, scientifique et même spirituelle. Voici une **analyse détaillée** selon différentes perspectives :

Définition générale

L'**esprit** désigne la **faculté de penser, de comprendre, de réfléchir, d'imaginer et de vouloir**. C'est ce qui permet à l'être humain de :

- produire des idées,
- former des jugements,
- se souvenir,
- rêver,
- et se représenter le monde.

L'esprit est souvent opposé au **corps** (ou à la matière), dans une dualité célèbre.

Les dimensions de l'esprit

- a. Intellectuelle

L'esprit est la capacité à **raisonner, analyser, résoudre des problèmes**. C'est cette dimension qui est mise en avant dans la logique, la philosophie, la science.

- b. Psychique

L'esprit englobe aussi la **conscience, les émotions, les désirs**, les pensées conscientes ou inconscientes.

- c. Créative

L'esprit est source d'**imagination, d'invention, et de poésie**.

d. Morale et spirituelle

Certains philosophes ou traditions religieuses comme le christianisme voit l'esprit comme une **partie supérieure** de l'âme, liée à la **morale**, la **liberté** ou à une **dimension divine**.

Esprit vs autres notions proches

L'**esprit** est souvent vu comme **immatériel**, alors que le **cerveau** est fait de matière.

Philosophie de l'esprit

La **philosophie de l'esprit** cherche à comprendre :

« **Comment fonctionne l'esprit ?** » est à la fois une interrogation scientifique, philosophique et spirituelle. Voici une réponse structurée en trois niveaux pour bien comprendre :

1. Les émotions selon la science (neurosciences & psychologie)

► **Les émotions, c'est l'activité mentale : pensée, mémoire, perception, imagination, etc.**

- Il **émerge du cerveau**, selon les neurosciences, grâce aux connexions neuronales (synapses, neurotransmetteurs).

- L'esprit traite l'information **comme un système dynamique** :

Les sens reçoivent des données (vue, son, etc.)

Le cerveau les analyse pensées, émotions, actions

Il peut imaginer, se souvenir, anticiper.

Fonctions principales de l'esprit "mental" :

L'esprit en philosophie (conscience, dualisme)

Certains philosophes distinguent :

- **L'esprit** = immatériel, invisible, conscience pure.

- **Le corps** = matière, visible, périssable.

C'est ce qu'on appelle le **dualisme** (Descartes, par exemple).

Mais d'autres disent que **l'esprit et le corps ne font qu'un seul système** (Spinoza, certaines philosophies orientales).

L'esprit en spiritualité

Dans les traditions spirituelles, **l'esprit** peut avoir plusieurs sens :**Esprit inférieur** (le mental) : pensées, ego, bavardage intérieur. **Esprit supérieur** (la conscience pure) : silence, présence, intuition, lien avec le divin.

Dans ces approches : L'esprit peut être **un obstacle** (s'il est trop agité). Ou un **pont vers l'éveil** (quand il est apaisé, ouvert, centré).

Fonctionnement simplifié du cerveaux

Stimulus (quelque chose est perçu)

Traitement (analyse mentale, comparaison, mémoire)

Réaction (émotion, pensée, parole, geste)

Interprétation (sens donné à l'expérience)

Mémoire (trace laissée)

Et au cœur de tout cela ?

La **conscience**. C'est elle qui observe, qui est **témoins** de tout ce qui passe dans l'esprit.

Tu n'es pas tes pensées. Tu es celui/celle qui **les observe**.

Quelques grandes positions :

▪ **Dualisme (Descartes)**

« Je pense, donc je suis. »
L'esprit est une **substance immatérielle** distincte du corps (le corps est étendu, l'esprit pense).

- **immatérialisme (aujourd'hui dominant en science)**

L'esprit **est au-delà** du cerveau. Il y a un esprit avant l **activité neuronale**.

- **Idéalisme (Berkeley, Hegel…)**

Le monde **n'existe** que par l'esprit. Il n'y a pas de matière sans esprit.

L'esprit en sciences cognitives et neurosciences

L'esprit est étudié comme l'ensemble des **processus mentaux** (perception, mémoire, langage…).

Les sciences cherchent à comprendre **comment les fonctions mentales naissent du cerveau**.

L'esprit dans les religions et spiritualités

Dans beaucoup de traditions :

L'esprit est une **partie divine ou éternelle** de l'être humain. Il est distinct du corps, parfois associé à **l'âme**, à la **lumière intérieure**, ou au **souffle vital**.

Différences entre âme, esprit et corps

Terme	Fonction principale	Nature
Corps	Support physique, action dans le monde	Matériel
Esprit	Idée , mémoire, perception	Mental
Âme	Essence, lien au divin, ego	Spirituelle

Certains disent : le **corps** vit, l'**esprit** pense, l'**âme** ressent et aspire.

3. Dans différentes traditions spirituelles

- Judaïsme

L'âme est **créée par Dieu**, elle est **immortelle** et destinée à retourner à

Lui. Elle peut être « sauvée » ou « perdue » selon ses choix.

Le judaïsme accorde une place centrale à l'âme (en hébreu : נשמה – **Neshama**), considérée comme **un souffle divin en l'homme**, un lien direct avec Dieu.

1. Origine divine de l'âme

Dans la Genèse, on lit :

« Dieu insuffla dans ses narines un souffle de vie, et l'homme devint un être vivant. » — Genèse 2:7

L'âme humaine vient **directement de Dieu**, elle est au départ **pure, sainte et immortelle.**
C'est **le souffle divin** en l'être humain.

2. Les cinq niveaux de l'âme (dans la mystique juive)

La Kabbale (courant mystique du judaïsme) décrit **5 dimensions de l'âme**, de la plus liée au corps à la plus divine :

Nom hébreu	Signification
Néfesh (נפש)	Force vitale liée au corps, instinct, action
Rouaḥ (רוח)	Énergie émotionnelle, esprit, volonté
Néshama (נשמה)	Âme intellectuelle, raison, conscience morale
Ḥaya (חיה)	Vie spirituelle, lien avec la sagesse divine

Nom hébreu	Signification
Yéḥida (יחידה)	Unité avec Dieu, essence la plus pure

3. Libre arbitre et mission de l'âme

Le judaïsme enseigne que l'âme :

- A été **envoyée sur Terre avec une mission spirituelle**
- Dispose du **libre arbitre** pour choisir entre le bien (Yétser Tov) et le mal (Yétser Ra)
- Cherche à **se rapprocher de Dieu** (Téchouva = retour, conversion intérieure)

4. L'âme après la mort

Selon la tradition juive :

- L'âme **survit à la mort du corps**
- Elle est **jugée** par Dieu selon ses actes.

Elle peut :

- o **Accéder au Olam HaBa** (le Monde à Venir / paradis spirituel)
- o Être **purifiée** dans un état temporaire (Guehinom, parfois traduit comme purgatoire)
- o Dans certaines branches mystiques : se **réincarner en divers forme** (guilgoul hanéfachot)

5. Une prière quotidienne sur l'âme

Les juifs pratiquants récitent chaque matin :

« Mon Dieu, l'âme que Tu m'as donnée est pure. Tu l'as créée, Tu l'as formée, Tu l'as insufflée en moi…

Élément clé	Dans le judaïsme
Origine de l'âme	Souffle de Dieu
Nature de l'âme	Divine, pure, immortelle
Composantes	Néfesh, Rouaḥ, Néshama, Ḥaya, Yéḥida
But spirituel	Servir Dieu, affiner son être, se rapprocher du divin
Vie après la mort	immortalité de l'âme, jugement, Olam HaBa

- Christianisme

1.Définition de l'âme dans le christianisme

Dans la tradition chrétienne, **l'âme est la partie spirituelle, immatérielle et immortelle de l'être humain**, donnée par Dieu. Elle est :

- **Créée directement par Dieu**
- **Unique à chaque personne**
- **Le centre de la conscience, de la volonté, de l'amour**
- Ce qui **survit à la mort du corps**

« *Le Seigneur Dieu forma l'homme de la poussière du sol. Il insuffla dans ses narines un souffle de vie, et l'homme devint un être vivant.* » — Genèse 2:7

2. Corps, âme et esprit ?

Certains passages bibliques font une distinction :

Élément	Fonction
Corps	Le support physique, visible
Âme	Vie intérieure, émotions, personnalité
Esprit	Lieu de la relation directe avec Dieu

Mais l'être humain est vu comme **un tout unifié**, esprit, âme et corps profondément liés.

3. L'âme et le salut

L'âme est ce qui permet à la personne de :

Jésus est venu pour **sauver l'âme de l'homme** blessée par le péché.

« Que sert-il à l'homme de gagner le monde entier, s'il perd son âme ? » — Marc 8:36

4. Après la mort

Le christianisme enseigne que :

- **L'âme ne meurt pas avec le corps**
- Elle est **jugée** selon sa foi, ses actes, son amour
- Elle va vers :
    - **Le Ciel** (vie éternelle avec Dieu)

- o **Le Purgatoire** (purification — dans la tradition catholique)
- o **L'Enfer** (séparation éternel de Dieu)

5. L'âme dans la mystique chrétienne

Les grands mystiques (Jean de la Croix, Thérèse d'Avila, etc.) décrivent l'âme comme :

- **Un château intérieur**, plein de pièces, dont le centre est Dieu
- Un espace **intime, sacré, habité par l'Esprit Saint**
- Capable d'**union profonde avec Dieu**

« L'âme est faite pour Dieu seul, et elle ne trouve le repos qu'en Lui. » — Thérèse d'Avila

Point essentiel	L'âme selon le christianisme
Origine	Don direct de Dieu
Nature	Spirituelle, immatérielle, immortelle
Fonction	Siège de la liberté, conscience, amour
Destin	Appelée à l'union éternelle avec Dieu

- **Bouddhisme :**

Paradoxalement, il nie l'idée d'une âme éternelle personnelle (anattā), mais reconnaît une **continuité de conscience** entre les vies.

1. Pas d'âme permanente — Anattā (Anātman)

Le cœur de la philosophie bouddhiste est le concept de **Anattā**

(*Pali*) ou **Anātman** (*Sanskrit*), qui signifie « **non-soi** ».

Le Bouddha a enseigné que :
Il n'existe pas de "soi" ou d'âme permanente à l'intérieur des êtres vivants.

Cela signifie :

- Il n'y a **pas d'essence fixe** ou d'âme éternelle.
- Le **"moi" est une illusion**, un assemblage temporaire de phénomènes.

2. Alors, qu'est-ce qui existe ?

Le Bouddha a enseigné que l'individu est composé de **5 agrégats (skandhas)** :

1. **Forme** (le corps physique)
2. **Sensation**
3. **Perception**
4. **Formations mentales**
   (volonté, pensée, émotions)
5. **Conscience**

Ces agrégats sont en **changement constant**. Ce que nous appelons "moi" ou "âme" est en réalité un **processus impermanent**.

« Ce n'est pas moi, ce n'est pas mon âme. » le dénie

3. Renaissance sans âme ?

Oui ! Le **bouddhisme enseigne la renaissance**, mais sans qu'une **âme personnelle** se transmette d'une vie à l'autre.

Ce qui se réincarne, c'est :

- **Un courant de causes et effets karmiques**
- Une **dynamique de conscience conditionnée** (pas une entité figée)

Analogie : une **flamme** qui allume une autre flamme.
Ce n'est pas la même flamme, mais **il y a une continuité conditionnée.**

4. But spirituel : réaliser l'absence de soi

La souffrance naît de l'attachement à une idée de "moi".
La libération (Nirvāṇa) vient quand on comprend profondément que :

- Le "je" n'existe pas de façon indépendante

Tout est impermanent, interdépendant, un vide d'essence

Comme une bulle, un mirage, un éclair : ainsi sont tous les phénomènes.

Croyance bouddhiste	Description
Âme personnelle	Rejetée — illusion du "moi" fixe
Non-soi (Anattā)	Vérité centrale du bouddhisme
Réincarnation	Oui, mais par continuité karmique
Nirvāṇa	Libération de l'attachement au "moi"

- Hindouisme :

L'âme (called **Atman**) est **identique au Tout (Brahman)**. L'Atman traverse des cycles de vies (réincarnation) jusqu'à la libération (moksha).

- Ésotérisme :

L'âme est un **noyau divin** en nous, qui vient d'un autre plan, qui évolue au fil des expériences, et qui **survit à la mort**.

-Islam :

Quelle est la place de l'âme dans l'islam ?
Voici une explication claire, fidèle à la tradition musulmane, avec des éléments tirés du **Coran**, du **soufisme** et de la pensée théologique.

1. Le mot "âme" en islam

En arabe, l'âme se dit « **nafs** » (نفس), mais il existe aussi un autre terme : « **rūḥ** » (روح).

- **Nafs** : l'âme liée à la personnalité, aux instincts, à l'égo.
- **Rūḥ** : le souffle divin, l'esprit insufflé par Dieu, principe de vie.

2. Origine de l'âme selon le Coran

« Puis Il lui façonna une forme harmonieuse et Lui insuffla de Son Esprit (rūḥ) »
— *Sourate 32, verset 9*

→ Cela montre que l'âme humaine vient de Dieu. Elle a une **origine divine**.

3. Les niveaux de l'âme (nafs)

L'islam, notamment dans le soufisme (mystique musulmane), parle de **plusieurs degrés de l'âme**, selon son évolution :

Niveau	Nom arabe	Caractéristiques
1	**An-nafs al-ammārah**	L'âme qui ordonne le mal, dominée par les désirs
2	**An-nafs al-lawwāmah**	L'âme qui se blâme, commence à se réveiller
3	**An-nafs al-muṭma'innah**	L'âme apaisée, la paix en un unique Dieu

Sourate 89, v.27–30 :
« Ô toi, âme apaisée, retourne vers ton Seigneur, satisfaite et agréée… »

4. Objectif spirituel

En islam, la vie est un **voyage de purification de l'âme** :

Se libérer de l'ego, de l'arrogance, de la colère, de l'avidité.

Se rapprocher de Dieu par la prière, le dhikr (rappel), la patience, l'amour.

Retrouver l'état d'**âme pure** que Dieu nous a donnée à l'origine.

5. La mort et l'âme

À la mort, l'âme quitte le corps.

Elle entre dans la **barzakh** (état entre la mort et le Jour du Jugement).

Elle sera ensuite **jugée** selon ses œuvres.

Les âmes pures entreront au **paradis (jannah)**.

Petit exercice pour dépasser son âme charnel.

Te **connecter à ton âme** signifie te relier à ta **profondeur intérieure**, à ce qui est **vivant, lumineux, vrai** en toi — au-delà du mental, de l'ego et

des conditionnements.
Toutes les traditions spirituelles ont des chemins pour cela. Voici une réponse **universelle**, accessible, avec des racines dans la sagesse mystique, spirituelle et psychologique.

1. Calme-toi pour entendre ton âme (immobilité)

Ton âme ne parle **ni dans le bruit** ni dans l'agitation.
Elle chuchote dans le **silence**.

Exercice : 5 à 10 minutes de silence complet, chaque jour.
Assieds-toi. Respire. Sens ta poitrine. Écoute ce qui remonte sans jugement. C'est déjà une prière.

2. Écoute ce qui te rend vivant

Ton âme se reconnaît dans :

Ce qui **t'inspire profondément**

Ce qui **t'élève** (beauté, vérité, compassion)

Ce qui **te fait vibrer intérieurement**

Demande-toi : « *Qu'est-ce qui, quand je le fais ou le vis, me donne le sentiment d'être soi ?* »

3. Pratique la sincérité intérieure (authenticité)

Ton âme est ce **toi pur** : pas celui que tu montres, mais **celui que tu es sans masque et sans manque.**

Journal de l'âme : Écris chaque jour 3 phrases :

Ce que je ressens vraiment

Ce que je désire profondément

Ce que je sais que je dois libérer

4. Cultive la présence spirituelle

- Prière (même simple, même sans dogme)
- Méditation de pleine conscience
- Contemplation (nature, silence, art)

L'âme aime le **sacré**. Crée un petit espace intérieur ou physique qui l'honore.

5. Vis selon ta conscience

L'âme **souffre quand tu vis à l'envers d'elle**. Elle s'épanouit dans :

- La **vérité**
- La **cohérence**
- La **bonté**

Vivre en alignement = ressentir son âme.
Voici un **exercice guidé simple et profond** pour **ton âme** en toi, **ici et maintenant.** **Exercice guidé : Rencontre avec ton soi (10–15 min)**

Choisis un endroit calme.
Assieds-toi ou allonge-toi
confortablement. Ferme les yeux.

Respire profondément (2 min)

Inspire lentement par le nez…
Expire doucement par la bouche…
Encore… inspire… expire…

Suis ta respiration comme une vague
tranquille.
Elle te ramène à toi-même.
Tu entres doucement **en toi**.

**2. Ramène ta conscience au centre
de ta poitrine (2 min)**

Pose ton attention sur le centre de ta
poitrine, ton **cœur intérieur**.
C'est là que réside l'âme pacifié ,
disent les sages.
Imagine une **lumière douce**, un
point chaud dans ton cœur.

Respire **dans ce point**. Laisse-le
s'allumer doucement.

3. Invite ton âme (3 min)

Dis doucement, intérieurement, comme une prière simple :« *Âme en soi, lumière en soi, je t'écoute. Montre-toi doucement. Je suis dans l instant.* »
Tu n'attends rien de précis — juste une **présence subtile** : une paix, une chaleur, un silence, une émotion.

Accueille-la **sans chercher**.

Pose une question à ton âme (2–3 min)

Laisse **une phrase monter**, ou une sensation, ou une image.
L'âme répond souvent **sans mots**, mais tu reconnaîtras la réponse par la **sincérité** de ce que tu ressens.

5. Reste quelques instants dans la gratitude (1 min)

Dis simplement :

« *Merci, âme en soi. Je reviendrai te voir bientôt.* »

Puis respire profondément… ouvre les yeux…
Reviens doucement ici, mais **porte en toi cette lumière**.

Après l'exercice : Tu peux écrire ce que tu as ressenti ou reçu dans un carnet :
-> sensations, intuitions, images, émotions.

Vers une réhabilitation contemporaine ?

Paradoxalement, à l'ère du numérique et de la virtualisation croissante de l'expérience, l'ame retrouve une **pertinence philosophique**. Le monde dans lequel nous évoluons est de plus en plus rapide et impatient constitué **d'informations**, de **simulations**, de **représentations**. Les frontières entre réel et virtuel, matière et image, deviennent floues. Ainsi, l'intuition de Berkeley — que **le monde est une structure perçue, ordonnée par des esprits** — semble moins absurde qu'elle n'a pu paraître.

CHAPITRE 3
LA PHILOSOPHIE ET L ETRE

ce que nous pouvons lire de la philosophie

Le mot « philosophie » vient du grec **philosophia**, qui signifie « **amour de la sagesse** ». Il est formé de :

- *philo* (φιλος) : aimer
- *sophia* (σοφία) : sagesse, savoir

La philosophie est donc **la recherche de la sagesse, une quête rationnelle de la vérité, du sens, du juste, du beau, du réel**. Elle ne donne pas des réponses toutes faites, mais elle apprend à **poser les bonnes questions**.

Origine de la philosophie

Avec **Socrate, Platon et Aristote**, la philosophie devient une **discipline structurée**, qui interroge :

- Ce qu'est **la vérité**,
- Ce qu'est **le bien**,
- Ce qu'est **la justice**,

- Comment vivre une **vie agréable**,
- Comment fonctionne le **raisonnement logique**,
- Qu'est-ce que **la réalité**.

Une science en dialogue avec la philosophie

La physique ne répond pas seulement à *comment* les choses se passent. Des philosophes comme **Aristote, Galilée, Descartes, Kant, Heisenberg, Popper, Kuhn** ou **Einstein** ont contribué à ce dialogue entre science et pensée critique.

Les grandes branches de la philosophie

a) La métaphysique

Étudie l'**être**, la **réalité**, les **principes fondamentaux** du monde.

Exemples : Qu'est-ce que l'existence ? Le temps est-il réel ?

b) L'épistémologie (ou théorie de la connaissance)

Interroge **la nature de la connaissance**.
Qu'est-ce que savoir et sa différence avec la connaissance ?
La connaissance est une conséquence de l'expérience, d'un coté elle vient avec l'étude pour ce qui est du savoir il est un don naturel qui viens de l'esprit. Pour mieux scinder ces deux notions il suffit de savoir sans connaitre. Par exemple je sais que Dieu existe mais je peux en aucun cas le connaitre alors le savoir se trouve enveloppé dans l'intimité de l'être caché en soi (non matériel).

c) L'éthique (ou morale)

Réfléchit sur **le bien et le mal**, sur ce qu'il convient de faire.

Une **action juste** est une action conforme à des principes d'équité, de moralité ou de droit. Elle vise à respecter ce qui est considéré comme **bon**, **légitime** ou **éthique**, que ce soit dans une société donnée ou selon une réflexion philosophique plus universelle.

Selon les contextes, "juste" peut avoir différentes significations :

Une action est juste si elle **respecte les droits de l'homme**.

Exemple : ne pas corrompre, ne pas voler, ne pas violer,ne pas tuer ex...

Une action est juste si elle est **conforme à des principes moraux**, comme le respect d'autrui, la bienveillance, l'honnêteté.

Exemple : Dire la vérité, aider quelqu'un dans le besoin.

Des penseurs comme **Platon**, **Aristote**, **Kant** ou **Rawls** ont chacun des définitions de la justice :

- **Pour Platon**, une action est juste si elle contribue à l'harmonie de l'âme et de la cité.
- **Pour Aristote**, la justice consiste à donner à chacun ce qui lui revient : ni plus, ni moins (justice distributive corrective et collective).
- **Pour Kant**, une action est juste si elle est faite par devoir, selon une loi morale universelle.
- **Pour Rawls**, une action est juste si elle respecte les principes d'égalité et d'équité, notamment en faveur des plus défavorisés.

Une action juste est souvent celle qui paraît **équilibrée**, qui tient compte des circonstances et des conséquences pour tous.

Le rôle de la philosophie

La philosophie ne donne pas des recettes, mais elle :

- **Éveille l'esprit critique**, nous aide à penser par nous-mêmes,
- **Combat les préjugés**, les dogmes, les fausses évidences,
- **Cherche la cohérence**, dans la pensée et l'action,
- **Forme à la liberté**, en nous rendant responsables de nos idées et de nos choix,

- **Donne du sens** à notre existence, en posant les questions essentielles.

Quelques grandes interrogation philosophiques

- Qui suis-je ?
- Pourquoi y a-t-il quelque chose plutôt que rien ?
- L'homme est-il libre ou déterminé ?
- Peut-on vivre sans croire ?
- Le bonheur est-il le but de la vie ?
- La science dit-elle toute la vérité ?
- Qu'est-ce qu'une société juste ?

Toute ces intérrogations ne trouve la réponse quand recherchant en soi ….

être est **la plus fondamentale** de toute la philosophie. Elle remonte aux tout premiers penseurs grecs, et elle continue de traverser toute l'histoire de la pensée. Ce n'est pas une question sur une chose particulière, mais sur **ce que signifie exister**. Elle ne demande pas *ce qui existe*, mais *ce que c'est qu'exister*.

Être vs chose

L'**être** n'est pas une chose parmi d'autres. Il ne peut pas être vu, touché ou mesuré. On peut dire d'un arbre, d'une idée, d'un rêve ou d'un nombre qu'ils *sont*. Mais **qu'ont-ils en commun quand on dit qu'ils "sont"** ?
C'est cette énigme que la philosophie appelle **l'ontologie** : l'étude de l'Être en tant qu'Être. Le soi est incréé il est l'origine sans forme, l'être découle du soi, l origine de la vie ou le mystère, ce qu en français ont Appel Dieu.

L'Être aujourd'hui : des enjeux contemporains

L' interrogation de l'Être reste vive, car elle touche à :

- **La réalité** : qu'est-ce qui existe vraiment ? Une matière ? Une conscience ? Un langage ?
- **La science** : est-ce que les objets scientifiques (électrons, forces, lois) existent de la même manière qu'une chaise ?
- **Le numérique** : qu'est-ce que *l'être virtuel* ? Un avatar, un profil en ligne, "sont-ils" ?
- **L'écologie** : comment repenser l'être des choses vivantes et non humaines, dans un monde que l'on a trop pensé comme "à disposition" ?

CHAPITRE 4

LA NATURALITE ET LA

PHYSIQUE

Une science fondamentale de la nature

La **physique** est la science qui cherche à **comprendre, décrire et expliquer les lois fondamentales de l'univers.**
Elle étudie **la matière, l'énergie, l'espace, le temps, le mouvement**, et les **interactions** entre les objets.

Elle ne se contente pas d'observer : elle veut **prévoir, modéliser, formuler des lois universelles** valables partout et toujours.

Des grandes interrogations de la physique :
– Pourquoi les planètes tournent-elles autour du Soleil ?

Les planètes tournent autour du Soleil à cause de **la gravitation** et **de leur vitesse initiale**. Voici une explication simple :

1. La gravité du Soleil attire les planètes

Le Soleil est **très massif** : il représente plus de **99 % de toute la masse du système solaire**. Cette masse énorme crée une **force gravitationnelle** très puissante qui **attire toutes les planètes** vers lui.

2. Les planètes ont une vitesse qui les empêche de tomber

Les planètes ne tombent pas dans le Soleil parce qu'elles ont aussi une **vitesse horizontale** (vitesse initiale acquise lors de la formation du système solaire).

Elles se déplacent donc en **orbite**, un peu comme une pierre attachée à une corde que l'on fait tourner :

- La corde représente la gravité.
- Le mouvement circulaire vient de la vitesse.

3. Équilibre entre vitesse et gravité = orbite

- Si la planète allait plus vite, elle s'éloignerait.
- Si elle allait moins vite, elle tomberait vers le Soleil.
- À la bonne vitesse, elle tourne autour du Soleil en **orbite stable**.

– comment se forme la lumière ? La **lumière** est une **forme d'énergie**. C'est à la fois :

1. Une onde électromagnétique

La lumière se propage comme une **onde**, un peu comme les vagues sur l'eau, mais :

- Elle n'a **pas besoin de matière** pour se déplacer (elle voyage même dans le vide).
- Elle est faite d'un champ électrique et d'un champ

magnétique qui se déplacent ensemble.

2. Un flux de particules, appelées photons

La lumière est aussi formée de **photons**, de minuscules **particules d'énergie**.
C'est ce qu'on appelle la **dualité onde-particule** : la lumière est **à la fois une onde et deviens une particule**.

3. La lumière visible et au-delà

La lumière que nous voyons (le **spectre visible**) n'est qu'une petite partie des **ondes électromagnétiques**.
Autres types de lumière (invisibles à l'œil humain) :

- **Ultraviolets** (UV)
- **Infrarouges**
- **Rayons X**
- **Ondes radio**, etc.

4. Comment elle se propage

- Elle se déplace à **300 000 km/s** dans le vide (vitesse de la lumière).
- Elle peut être **réfléchie**, **réfractée**, **absorbée** ou **diffusée** selon les matériaux qu'elle rencontre.

1. Les atomes : les "briques" de la matière

Toute matière est faite **d'atomes**, comme les mots sont faits de lettres.

Il existe environ **une centaine d'atomes différents** dans la nature.

Les plus connus sont : Hydrogène, hélium, Lithium ,carbone ,azote, Oxygène, fluor, néon, sodium, magnésium, aluminium, silicium, phosphore, soufre, chlore, potassium, calcium, titane, chrome, fer, nickel, cuivre, zinc, arsenic, platine, or, mercure, uranium,plomb

Les **chimiques** du **tableau périodique**.

2. L'atome : très petit et presque vide

Un atome est composé de trois particules principales :

- **Protons** (chargés positivement)
- **Neutrons** (sans charge)
- **Électrons** (chargés négativement)

Structure :

- Le **noyau** au centre contient **protons + neutrons**.

- Les **électrons** tournent autour dans des zones appelées **couches électroniques**.

À retenir : un atome est **extrêmement petit** (des milliards dans une goutte d'eau) et **presque vide** à l'intérieur.

3. Les molécules : des atomes assemblés

Quand plusieurs atomes se **lient entre eux**, ils forment des **molécules**. Exemples :

- H_2O = 2 atomes d'hydrogène + 1 d'oxygène -> **eau**
- CO_2 = dioxyde de carbone

4. À plus grande échelle :

- Les molécules forment des **substances** (solides, liquides, gaz).

- Ces substances forment les **objets, êtres vivants, planètes**, trou noir etc.

Des méthodes précises, mais pas neutres. Ce qui se passe à l'intérieur d'un **trou noir** est à la fois **fascinant** et **mystérieux**, car les lois de la physique qu'on connaît **s'effondrent** à cet endroit. Voici ce que la science actuelle en dit, étape par étape :

Un trou noir est une **région de l'espace** où la **gravité est si forte** que **rien ne peut s'en échapper**, pas même la lumière.
Il se forme généralement quand une **étoile massive s'effondre sur elle-même.**

L'horizon des événements

C'est **la "surface" du trou noir**, le **point de non-retour** :

- Si quelque chose passe cette limite, **il ne peut plus revenir**.
- De l'extérieur, on **ne peut pas voir ce qui se passe à l'intérieur**.

À l'intérieur : la singularité

Au centre du trou noir se trouve ce qu'on appelle une **singularité** :

- Un point **infiniment petit** et **infiniment dense**.
- La **gravité y est infinie** et **le temps et l'espace cessent de fonctionner normalement**.

À la singularité, la **physique connue ne peut plus rien prédire** : ni la relativité générale, ni la mécanique quantique ne suffisent seules.

Le grand mystère : la physique quantique + relativité

Les scientifiques essaient de **réconcilier la gravité (relativité)** avec les **particules (quantique)** pour comprendre ce qui se passe *vraiment* à l'intérieur :

- Il pourrait y avoir une **nouvelle forme de matière.**
- Ou bien un **pont vers un autre univers** (théorie des trous de ver).
- Mais tout cela reste **théorique** aujourd'hui.

En résumé :

À l'intérieur d'un trou noir, **l'espace et le temps s'effondrent** vers un point appelé **singularité**, où notre compréhension de la physique **ne fonctionne plus.**
Ce que contient un trou noir reste pour l'instant **inconnu**, car **rien ne peut en sortir** pour nous le dire.

La physique repose sur :

- **L'observation** des phénomènes naturels,
- **L'expérimentation** : tester des hypothèses dans des conditions contrôlées,
- **La modélisation mathématique** : traduire la réalité en équations,
- **La prédiction** : une théorie est bonne si elle permet d'anticiper ce qui va se passer.

Mais attention : ces méthodes supposent **des choix**.
La physique **n'est pas la réalité brute** : c'est une **construction rationnelle**, avec des **modèles** plus ou moins précis, toujours révisables.

Physique classique vs physique moderne

- La **physique classique** (Newton, Galilée) voit l'univers comme une **machine prévisible**. Le temps est absolu, l'espace est fixe, les objets ont une trajectoire déterminée.
- La **physique moderne** (Einstein, Planck, Bohr) **bouscule nos intuitions** :
    - Le temps et l'espace sont relatifs.
    - La matière est à la fois onde et particule.
    - Le chance est un fondement (principe d'incertitude).
    - L'observateur **modifie** le phénomène observé.

6. La puissance et les limites de la physique

Puissance :

- Elle permet de **prévoir des phénomènes naturels** avec une précision extrême.
- Elle a transformé notre quotidien (électricité, internet, GPS, médecine, etc.).
- Elle est au cœur des technologies avancées (nucléaire, spatial, quantique...).

Limites :

- Elle ne dit **rien du sens** : elle décrit le *comment*, pas le *pourquoi* profond.
- Elle ne peut pas résoudre des **problèmes éthiques, esthétiques ou existentiels**.

La liberté un concept central, à la fois **philosophique, politique, moral** et **existentiel** — mais aussi profondément **ambivalent**.

Une révolution scientifique, philosophique et conceptuelle — au cœur de notre compréhension de l'univers.

1. La **physique quantique** (ou **mécanique quantique**) est la théorie physique qui décrit le **comportement de la matière et de l'énergie à l'échelle microscopique** :

- atomes,
- électrons,
- photons,
- particules subatomiques.

Contrairement à la physique classique (Newton, Maxwell), la physique quantique ne décrit pas un monde **déterministe et continu**, mais un monde **probabiliste, discontinu, et non intuitif**. A cette échelle, les règles ordinaires ne tiennent plus.
Un objet peut être à plusieurs endroits à la fois, ne se "décide"

qu'au moment de l'observation, et n'a pas de position définie sans mesure.

2. Naissance de la physique quantique

Elle est née au début du **XXe siècle**, pour résoudre des problèmes que la physique classique ne pouvait pas expliquer :

Problème	Réponse quantique
Rayonnement du corps noir	Planck propose que l'énergie est **quantifiée** (1900)
Effet photoélectrique	Einstein introduit l'idée du **photon** (1905)
Spectre de l'atome d'hydrogène	Bohr propose un modèle d'atome **quantifié** (1913)
Comportement des particules	Développement de la **mécanique**

Problème	Réponse quantique
	ondulatoire (Schrödinger, Heisenberg, 1925-1926)

3. Principes fondamentaux de la physique quantique

- Quantification

- L'énergie n'est pas continue, mais se transmet par **quanta** (grains d'énergie).

- Principe d'incertitude (Heisenberg)

- On ne peut **pas connaître simultanément** avec précision la position **et** la vitesse d'une particule.

Le réel n'est pas totalement "décrit", mais **"incomplètement connaissable"**.

- Dualité onde-corpuscule

- Une particule peut se comporter **comme une onde** ou comme une particule, selon la situation.
- Exemple : un électron peut **interférer avec lui-même** dans une expérience.

- Fonction d'onde (Schrödinger)

- Chaque système est décrit par une **fonction mathématique** qui contient **toutes ses probabilités**.
- Ce n'est **qu'à la mesure** que l'état devient "réel" -> **effondrement de la fonction d'onde**.

- Superposition

- Une particule peut être dans **plusieurs états à la fois** (jusqu'à ce qu'on mesure).

Exemple : le célèbre **chat de Schrödinger**, à la fois vivant et mort tant qu'on n'observe pas.

- Intrication

- Deux particules peuvent être **liées instantanément**, peu importe la distance.

Une mesure sur l'une affecte **immédiatement** l'autre → Einstein appelait cela "**action fantôme à distance**".

Interprétations de la mécanique quantique

La théorie marche **parfaitement** en pratique. Mais **que signifie-t-elle vraiment ?**

Interprétation	Idée principale
Copenhague (Bohr, Heisenberg)	La réalité n'existe pas sans **observation**. L'état est **probabiliste**.
Multivers / mondes multiples (Everett)	Chaque mesure fait **"diverger"** **l'univers** en plusieurs versions.
Déterminisme caché (Bohm)	Il y a un **ordre caché** qui détermine les résultats.
Conscience de l'observateur	L'esprit joue un rôle dans l'**effondrement de la fonction d'onde**. (controversé)

Bohr : « Cessez de dire à Dieu ce qu'il doit faire. »

Implications philosophiques

Nature de la réalité

- Le monde est-il **réel en lui-même**, ou n'existe-t-il qu'en **interaction avec nous** ?

Indéterminisme

- La chance est-elle **fondamentale** ?
- Ou est-ce juste une limite de notre connaissance ?

Rôle de l'observateur

- L'esprit humain **intervient-il dans la réalité physique** ?
- La frontière entre **objet** et **sujet** devient floue.

Applications technologiques

La physique quantique n'est pas qu'une abstraction :
Elle a **transformé le monde moderne**.

Domaine	Exemple
Électronique	Transistors, ordinateurs, téléphones.
Médecine	IRM (imagerie par résonance magnétique).
Télécommunications	Lasers, fibres optiques.
Cryptographie quantique	Sécurité des données basée sur l'intrication.
Informatique quantique	Calcul ultra-puissant (encore en développement).

Conclusion

La physique quantique est le langage du réel microscopique — mais elle interroge toute notre vision du monde.

Elle nous oblige à repenser :

- la **matière**,
- le **temps**,
- la **causalité**,
- la **notion même de réalité**.

Et peut-être aussi :

Notre place d'**observateurs conscients**, dans un univers **pas totalement objectif**, ni totalement déterminé.

CHAPITRE 6

LA CONSCIENCE

La conscience : une évidence intime, mais une énigme profonde

Nous savons ce qu'est **la conscience** — nous la vivons à chaque instant. C'est **le fait d'éprouver quelque chose** :

Voir, penser, sentir, se souvenir, désirer, souffrir, choisir…

Mais dès qu'on cherche à la **définir précisément**, elle devient **insaisissable**.
Comment ce phénomène subjectif peut-il exister dans un monde physique ?
Pourquoi **"quelque chose" se passe-t-il en moi**, et non pas seulement dans mon cerveau ?

Les grandes formes de conscience

Type de conscience	Description
Conscience phénoménale	Le **ressenti subjectif** d'une expérience (la douleur, la couleur rouge, le goût du café).
Conscience de soi	Le fait d'être **réfléchi**, de savoir que "je suis moi" (je me reconnais, je me pense).
Conscience morale	La capacité de **distinguer le bien et le mal**, de se sentir responsable.
Conscience réflexive	La capacité à **penser ses propres pensées**, à se mettre à distance de soi.

Type de conscience	Description
Conscience intentionnelle	Toute conscience est **conscience de quelque chose** (Husserl).

Les sciences de la conscience

Neurosciences

- Identifient les **corrélats neuronaux de la conscience** (zones du cerveau activées quand on est conscient).
- Exemples : cortex préfrontal, thalamus, réseaux d'intégration.
- Mais elles ne résolvent pas le **"problème difficile"** :

> Comment un processus physique produit-il une **expérience subjective** ?

Sciences contemplatives

- Certaines approches (bouddhisme, méditation) explorent la conscience **par l'expérience directe**, sans l'interpréter.

Les grandes énigmes de la conscience

* Le problème difficile (David Chalmers)

Pourquoi y a-t-il "quelque chose" plutôt que rien quand le cerveau fonctionne ?

* La subjectivité

- Mon expérience est **invisible** pour les autres.
- Comment accéder à ce que vit autrui ? Est-ce même possible ?

* L'unité de la conscience

- Comment mille processus cérébraux donnent-ils une **expérience cohérente, unifiée**

* L'origine de la conscience

- Quand et comment est-elle apparue dans l'évolution ?
- Est-elle **liée à la complexité** ou à une propriété plus fondamentale ?

Conscience et liberté

Être conscient, c'est aussi :

- Pouvoir **choisir**,
- Être **responsable**,
- **Se projeter dans le futur**,
- **Souffrir de son passé**,
- Avoir un **rapport au temps, au bien, au sens, à la mort**.

La conscience, c'est ce qui nous rend **humains** – et **fragiles**.

« **Comment conscientise-t-on ?** »
Autrement dit : **Comment prend-on conscience de quelque chose ?**

Conscientiser, c'est le fait de **rendre conscient** ce qui ne l'était pas encore. Cela peut concerner :

- une pensée ou une émotion refoulée,
- un fonctionnement intérieur,
- une injustice sociale ou un mécanisme culturel,
- une habitude ou un réflexe inconscient.

    Conscientiser = simplement savoir. C'est **prendre conscience avec lucidité et profondeur**.

Les étapes de la conscientisation

Voici comment on peut **conscientiser**, selon les domaines (psychologie, développement personnel, éducation, etc.) :

- a. Observer

La première étape est l'**observation**, souvent neutre et sans jugement.

Exemple :

- Observer une réaction émotionnelle (colère, peur)
- Noter un comportement répétitif

- b. Identifier

Nommer ce qu'on observe, lui donner une signification.

Exemple :

- « Je suis en colère chaque fois qu'on me critique. »
- « Je réagis comme ça car j'ai peur d'être rejeté. »

- c. Relier

Comprendre **l'origine** ou le **sens** profond.

Exemple :

- Cette peur vient peut-être d'une blessure ancienne ou d'un conditionnement social.

- d. Accepter

Reconnaître ce qui est là **sans fuir, minimiser ou juger.**

C'est la clé pour **intégrer** cette prise de conscience dans sa vie.

- e. Transformer (facultatif)

La conscientisation peut entraîner une **transformation** personnelle ou collective :

- Changer un comportement
- Se libérer d'un schéma
- Agir contre une injustice (dans le cas de la conscientisation politique ou sociale)

Exemples de conscientisation

En soi (psychologique)

« Je conscientise que je mange quand je suis stressé. »

En société (politique)

« Grâce à l'éducation, des groupes conscientisent les inégalités qu'ils subissent. »

En communication

« Je conscientise que je coupe souvent la parole sans m'en rendre compte. »

Outils pour aider à conscientiser

- **La méditation** (pleine conscience)
- **L'écriture introspective**
- **La thérapie / psychanalyse**
- **Les discussions profondes**
- **L'art** (peinture, théâtre, poésie…)
- **L'éducation critique** (ex : pédagogie de Paulo Freire)

CHAPITRE 7
LE TEMPS ET L IMMOBILITE

Le temps : une évidence vécue, un concept insaisissable

Nous **vivons** dans le temps : nous vieillissons, nous changeons, nous nous souvenons, nous projetons.
Et pourtant, dès que nous essayons de définir **ce qu'est le temps**, il semble **se dérober**.

Comme le disait saint Augustin dans ses *Confessions* :

"Qu'est-ce donc que le temps ? Si personne ne me le demande, je le sais ; si je veux l'expliquer à quelqu'un, je ne le sais plus."

Les trois dimensions du temps : passé, présent, futur

Notre manière d'appréhender le temps se divise en **trois temps** :

- **Le passé**, qui n'est plus,
- **Le futur**, qui n'est pas encore,

- **Le présent**, qui semble glisser entre les deux, insaisissable.

Mais ces trois temps **n'existent pas objectivement** : seul l'instant existe. Le passé survit dans la **mémoire**, le futur dans l'**attente**. Pour Augustin, **le temps est dans l'âme** : il est **distension de l'esprit** entre mémoire, perception et anticipation.

Temps vécu vs temps mesuré

Le philosophe **Henri Bergson** distingue deux types de temps :

- **Le temps mesuré**, mécanique, mathématique (les horloges, les calendriers),
- **La durée** (*la durée vécue*), fluide, qualitative, **interne à la conscience**.

Une heure peut paraître longue ou courte, selon ce que nous vivons.

Le temps aujourd'hui : numérique, accéléré, fragmenté

À l'ère moderne, le temps semble :

- **Compressé** (tout va vite),
- **Fragmenté** (notifications, multitâche),
- **Quantifié** (optimisation, gestion du temps).

Cela crée une **crise du rapport au temps** :

- Trop de vitesse = **perte de mémoire**,
- Trop de présent = **perte du sens du passé et du futur**

L'immobilité désigne l'**état d'un corps ou d'un être qui ne bouge pas**. Elle est l'**absence de mouvement** dans l'espace ou dans le temps.

Dans le monde physique

En **physique classique** :

- Un objet est **immobile** s'il **ne change pas de position** par rapport à un point de référence.

Exemple : une chaise posée sur le sol, un bâtiment, une montagne.

Mais attention :

L'immobilité est **relative** !
Un passager assis dans un train en mouvement est immobile **dans le train**, mais **en mouvement** par rapport à la Terre.

Immobilité intérieure ou psychologique

Il s'agit ici de l'**absence d'agitation mentale ou émotionnelle** :

- calme,
- silence intérieur,
- paix de l'esprit.

Dans la méditation :

L'immobilité n'est pas seulement corporelle. C'est **se poser, arrêter de courir intérieurement.**
On cherche à atteindre un état où **le mental cesse de s'agiter**, où **la conscience est pleinement présente.**

 En philosophie

- a. Parménide (philosophe grec)

Pour lui, le réel est **immobile** : le changement est une illusion.
Il défend une vision **statique et éternelle** de l'être.

- b. Platon / Aristote

- Platon : le monde des idées est **immobile,** éternel.
- Aristote : Dieu est le **moteur immobile,** cause de tout mouvement, mais lui-même **est hors du champs mobile.**

- 5. Dans la spiritualité

L'immobilité est souvent vue comme
:

- une **source de sagesse**,
- un **retour à l'essentiel**,
- une **porte vers le divin**.

Dans de nombreuses traditions :

- Le sage ou le méditant **reste immobile** extérieurement et intérieurement pour **s'unir au silence du monde**.
- C'est un symbole de **maîtrise, sérénité, puissance calme**.

- ## 6. Symbolique de l'immobilité

- **Force tranquille** : la puissance sans agitation
- **Stabilité** : quelque chose de solide, enraciné
- **Mort** : absence totale de mouvement
- **Contemplation** : s'arrêter pour voir

CHAPITRE 7

LA ¨PSYCOLOGIE DE LA PENSEE

Les grands domaines de la psychologie :

1. **Psychologie clinique** : s'occupe des troubles mentaux, du mal-être, des thérapies.
2. **Psychologie cognitive** : étudie les processus mentaux comme la mémoire, l'attention, le langage.
3. **Psychologie du développement** : suit l'évolution psychologique de l'enfant à l'adulte.
4. **Psychologie sociale** : analyse les relations entre les individus et les groupes.
5. **Neuropsychologie** : lien entre le cerveau et les comportements.
6. **Psychologie du travail** : étudie le comportement en entreprise (stress, motivation…).

7. **Psychopathologie** : étude des maladies mentales (schizophrénie, anxiété, etc.).

Origines :

- Née de la **philosophie** (Platon, Aristote), elle devient une science au **19e siècle**.

À quoi sert la psychologie ?

- Mieux se connaître soi-même
- Comprendre les autres
- Traiter des troubles mentaux
- Améliorer les relations humaines
- Optimiser l'apprentissage, la performance, la santé mentale

Les émotions et le cerveau

- Comment les émotions fonctionnent
- Le rôle de l'amygdale, du cortex, etc.

Les troubles psychologiques

- Dépression, anxiété, schizophrénie, phobies, etc.
- Comment ils sont diagnostiqués et traités

Le développement de l'enfant

- Étapes de croissance mentale et affective (Jean Piaget, Erikson)

La psychologie au quotidien

- Comment mieux gérer le stress
- Augmenter sa confiance en soi
- Comprendre ses relations

La psychologie sociale

- Influence des autres sur nos comportements
- Stéréotypes, obéissance, manipulation…

CHAPITRE 8
LES EMOTIONS DE LA PENSEE

Les **émotions** sont des **réactions naturelles** que nous ressentons face à une situation, une pensée ou un souvenir. Elles nous **aident à réagir**, à **communiquer** et à **nous adapter** à notre environnement.

Une émotion est une réaction **intense**, **brève** et **automatique** du corps et du mentale face à un événement.

Les 6 émotions de base (selon Paul Ekman) :

1. * **Joie** : plaisir, satisfaction
2. * **Colère** : frustration, incompréhension, injustice.
3. * **Peur** : danger, menace
4. * **Tristesse** : perte, douleur
5. * **Surprise** : nouveauté, imprévu

6. * **Dégoût** : rejet, répulsion

Ces émotions sont **universelles** :
elles sont ressenties par **tous les êtres
humains**, quelle que soit leur
culture.

Comment naît une émotion ?

1. **Un stimulus** (ex. : une
   mauvaise nouvelle)
2. **Interprétation mentale** (tu
   juges que c'est grave)
3. **Réaction physique** (cœur qui
   bat, larmes, tension)
4. **Comportement** (pleurer, fuir,
   crier, sourire…)

À quoi servent les émotions ?

- **Peur** : se protéger du danger
- **Colère** : se défendre ou poser
  des limites
- **Joie** : renforcer les liens
  sociaux
- **Tristesse** : attirer du soutien

- **Dégoût** : éviter ce qui est mauvais pour nous
- **Surprise** : s'adapter à quelque chose de nouveau

Émotions vs Sentiments :

- **Émotion** = réaction immédiate, brève, physique (ex. : tu sursautes)
- **Sentiment** = état plus **durable et réfléchi** (ex. : tu te sens en sécurité)

Définition générale de l'équilibre :

L'**équilibre de la pensée**, c'est un **état de stabilité**, d'harmonie ou de juste milieu entre différents éléments.

En psychologie, l'équilibre signifie souvent :

- **Équilibre émotionnel** : savoir **gérer ses émotions**, ni trop les réprimer, ni trop se laisser submerger.

- **Équilibre mental** : avoir un **esprit calme**, pouvoir réfléchir et prendre des décisions sans être trop influencé par le stress, l'angoisse ou la colère.
- **Équilibre de vie** : bien répartir son temps et son énergie entre :
    - le travail / les études
    - le repos
    - les relations sociales
    - les loisirs
    - la santé (sommeil, alimentation, sport...)

Exemple d'équilibre dans la vie :

Imagine quelqu'un qui travaille beaucoup, mais prend aussi le temps de se reposer, de voir ses amis et de faire du sport. Il ou elle vit dans un **bon équilibre**.

À l'inverse, une personne qui ne dort pas, mange mal, travaille trop et s'éloigne des autres peut **perdre l'équilibre**, ce qui entraîne du **stress**, de la **fatigue** ou même un **burn-out**.

Pourquoi l'équilibre est important ?

- Il **protège la santé mentale**
- Il aide à **éviter l'extrême** (trop d'émotions, trop de contrôle…)
- Il favorise le **bien-être général**

Trouver l'équilibre émotionnel, c'est apprendre à vivre ses émotions **sans être dominé par elles**, et à rester **centré** même quand la vie devient instable.

Voici une réponse **claire, structurée et profonde** pour t'aider à comprendre **ce qu'est l'équilibre émotionnel** et **comment le cultiver**.

l'équilibre émotionnel

C'est la capacité à :

- **Reconnaître** ce que l'on ressent,
- **Accueillir** ses émotions (sans les refouler ni s'y noyer),
- **Répondre avec clarté**, plutôt que réagir de façon impulsive,
- Rester **stable intérieurement**, même dans des situations stressantes.

Ce n'est pas l'absence d'émotions, mais une **harmonie intérieure** malgré les hauts et les bas.

Les piliers de l'équilibre émotionnel

a. Conscience de soi

"Je sais ce que je ressens."

- Identifier ses émotions : colère, peur, tristesse, joie, honte…

- Observer ses réactions corporelles, ses pensées.

Outil : méditation de pleine conscience, journal émotionnel

b. Accueil sans jugement

"Je ressens cela, et c'est OK."

- Ne pas se blâmer d'avoir des émotions.
- Ne pas fuir, réprimer ou juger ce qui se passe en soi.

Outil : respiration consciente, auto-compassion

c. Régulation émotionnelle

"Je ne laisse pas mes émotions prendre le contrôle."

- Techniques pour revenir au calme (respiration, ancrage, pause)

- Capacité à **ne pas se laisser emporter** ou à **canaliser sainement** ce qu'on ressent

Outil : cohérence cardiaque, relaxation, sport

d. Expression saine

"Je peux dire ce que je ressens sans blesser l'autre."

- Savoir parler de ses émotions de manière claire et respectueuse
- Éviter l'accumulation ou les explosions

Outil : communication non violente (CNV)

e. Hygiène de vie émotionnelle

Le corps influence l'émotion.

- Bien dormir, manger équilibré, bouger

- Éviter les surstimulations (écrans, réseaux, stress constant)

Outil : routines équilibrées, nature, déconnexion

Chemin de croissance, pas un état parfait

L'équilibre émotionnel se construit **progressivement**.
Il y aura toujours des déséquilibres, mais on apprend à :

- **revenir au centre plus vite**,
- **réagir avec moins de violence**,
- et à **cultiver la paix intérieure**.

Citation inspirante

"Tu ne peux pas empêcher les vagues, mais tu peux apprendre à nager." — Jon Kabat-Zinn

Tout comme on prend soin de son corps (sommeil, nourriture, propreté...), on peut apprendre à **prendre soin de son esprit**, de ses pensées, de ses émotions, de sa concentration.

L'hygiène mentale

C'est l'ensemble des **habitudes régulières** qui permettent de :

- préserver son **équilibre psychique**,
- renforcer sa **clarté mentale**,
- réguler ses **émotions**,
- prévenir l'**épuisement mental**,
- et favoriser le **bien-être intérieur**.

Les piliers d'une bonne hygiène de vie mentale

A. Créer des espaces de silence mental

Pour reposer l'esprit, il faut parfois **lui offrir du vide.**

- Méditation (même 5 minutes)
- Moments sans écran, sans bruit
- Marcher sans penser, simplement respirer

Astuce : une minute de respiration profonde = une douche pour le cerveau.

B. Maîtriser son dialogue intérieur

Ce que tu te dis à toi-même influence ton énergie.

- Remarquer les pensées négatives automatiques
- Les transformer : « Je ne vais pas y arriver » → « Je vais essayer calmement »
- Cultiver un regard bienveillant sur soi

Outil : tenir un carnet de pensées / affirmations positives.

C. Gérer les surstimulations

Trop d'infos = surcharge mentale.

- Limiter le temps d'écran / réseaux sociaux
- Créer des temps sans notifications
- Ne pas s'exposer à trop de sources de stress en continu

Astuce : 4 heures /jour sans téléphone = grande clarté mentale retrouvée.

D. Apaiser les émotions régulièrement

Une émotion non gérée s'accumule.

- Prendre le temps d'écouter ce qu'on ressent (colère, tristesse, peur…)
- Écrire, parler, respirer, faire du sport ou méditer
- Ne pas fuir les émotions : les **traverser** plutôt que les stocker

Astuce : écrire ce que tu ressens pendant 5 minutes te soulage plus que tu ne crois.

E. Structurer ses journées

Le cerveau aime les repères.

- Avoir une routine simple matin et soir
- Alterner travail/repos
- Éviter la dispersion (multitâche) -> se concentrer sur une chose à la fois

Astuce : un agenda clair réduit l'anxiété mentale.

F. Nourrir son esprit avec ce qui l'élève

Ce que tu « consommes » mentalement te façonne.

- Lire, écouter des contenus inspirants

- Se former, apprendre, comprendre
- Choisir des échanges profonds plutôt que superficiels

Astuce : lire 5 pages chaque jour nourrit l'esprit comme un repas nourrit le corps.

En résumé : hygiène mentale = discipline douce

Domaine	Bonne habitude
Silence intérieur	Méditation, respiration consciente
Pensées	Observer, reformuler avec bienveillance
Émotions	Écouter, exprimer, canaliser
Stimulation	Limiter écrans, infos, distractions inutiles
Structure	Routines saines, équilibre activité/repos

Domaine	Bonne habitude
Nourriture mentale	Livres, idées, discussions enrichissantes

une **routine quotidienne de 10 minutes** pour entretenir ton hygiène mentale ?
Ou un **plan hebdomadaire simple** à mettre en place ?

10 minutes par jour peuvent suffire à **transformer ton état intérieur** si tu les utilises avec **intention** et **régularité**.

Voici une **routine simple, efficace et équilibrée** pour entretenir une **bonne hygiène de vie mentale en 10 minutes** par jour.

Routine mentale 10 minutes / jour

Objectif : Calmer, clarifier, recentrer

Durée : 10 minutes

Tu peux faire ça **le matin, en pause ou le soir**, selon ton rythme.

Respiration consciente – 2 minutes

Pourquoi ? Apaiser le système nerveux, ralentir le mental.

Comment :

- Assieds-toi confortablement, dos droit.
- Inspire 4 secondes, retiens 2, expire 6.
- Garde les yeux fermés. Sens l'air, les battements, la détente.

C'est une mini méditation.

Scan émotionnel + mot-clé – 2 minutes

Pourquoi ? Identifier ce que tu ressens, éviter l'accumulation.

Comment :

- Pose-toi : *"Comment je me sens vraiment ?"*
- Choisis un mot : *fatigué, joyeux, tendu, neutre, curieux…*
- Accueille-le **sans jugement**.

Tu peux le noter sur une appli ou un carnet :

Émotion du jour : "frustré" → *Je respire avec.*

Écriture ou pensée positive – 3 minutes

comment ? Réorienter ton mental vers le calme et la gratitude.

Option 1 : écrire 3 choses positives du jour (ou d'hier)
Option 2 : écrire une phrase apaisante, ex. :

- "Je fais de mon mieux"

- "Aujourd'hui, je choisis la clarté."

Quelques lignes suffisent. Tu nourris ton esprit.

4. Lecture éclairante – 3 minutes

Pourquoi ? Nourrir ton esprit avec du sens et de la hauteur. Lis quelques lignes d'un livre, d'un poème, d'une pensée philosophique ou spirituelle. Idées :

- Jésus (l'évangile)
- Sénèque
- Le Dalaï-Lama
- Mohamed (le coran)

Tu peux aussi utiliser une appli de lecture ou des citations inspirantes.

Résumé visuel

Étape	Durée	Bénéfice
Respiration consciente	2 min	Calme immédiat
Scan émotionnel	2 min	Clarté sur ton état intérieur
Écriture positive	3 min	Réorientation mentale
Lecture éclairante	3 min	Nourriture mentale profonde

Astuce bonus :

Tu peux répéter à la fin :

"Je suis ici, maintenant. Je respire. Tout va bien."

© 2025 Azzedine Aouimer
Édition : BoD · Books on Demand,
31 avenue Saint-Rémy, 57600 Forbach,
bod@bod.fr
Impression : Libri Plureos GmbH,
Friedensallee 273, 22763 Hamburg
(Allemagne)
ISBN : 978-2-3225-7778-1
Dépôt légal : Juin 2025